13 Décembre 1882.

V

VENTE

Arthur Meyer

CATALOGUE

D'UN BEAU

MOBILIER ARTISTIQUE

APPARTENANT A M. ARTHUR MEYER

Meubles anciens et de styles Français, Chinois, Japonais et Orientaux
Tapisseries: Tentures; Rideaux; Tapis; Étoffes

OBJETS D'ART

Miniatures; Argenterie; Anciennes Porcelaines de Saxe, Chine et Japon
Bijoux; Bronzes d'art et d'ameublement; Faïences persanes
Marbres; Émaux cloisonnés
Cuivres gravés d'Orient; très curieuse Statue en vieux Satzuma.

TABLEAUX MODERNES, AQUARELLES

IMPORTANTE DÉCORATION DE CLAIRIN

ŒUVRES DE :

TH. ROUSSEAU, FORTUNY, WORMS
BROWN, HEULANT, PASINI, LEYS, DUEZ, EUGÈNE LAMI
MADELEINE LEMAIRE, BOUDIN

LIVRES, VINS FINS ET ORDINAIRES

GARNISSANT UN HÔTEL SIS A PARIS

3, RUE DE MILAN, 3

OU LA VENTE AURA LIEU

Les Mercredi 13, Jeudi 14, Vendredi 15
et Samedi 16 Décembre 1882, à deux heures très précises

COMMISSAIRE-PRISEUR

Mᵉ PAUL CHEVALLIER, Succʳ de Mᵉ CHARLES PILLET
10, rue de la Grange-Batelière, 10

EXPERT

M. ARTHUR BLOCHE, 44, rue Laffitte

EXPOSITIONS

PARTICULIÈRE	PUBLIQUE
Les Dimanche 10 et Lundi 11 Décembre	**Le Mardi 12 Décembre**
De 1 heure à 5 heures	De 1 heure à 5 heures

CONDITIONS DE LA VENTE

Elle sera faite au comptant.

Les adjudicataires payeront cinq pour cent en sus des enchères.

L'Exposition mettant le public à même de se rendre compte de l'état des objets, il ne sera admis aucune réclamation une fois l'adjudication prononcée.

Paris. — Typ. Pillet et Dumoulin, 5, rue des Grands-Augustins.

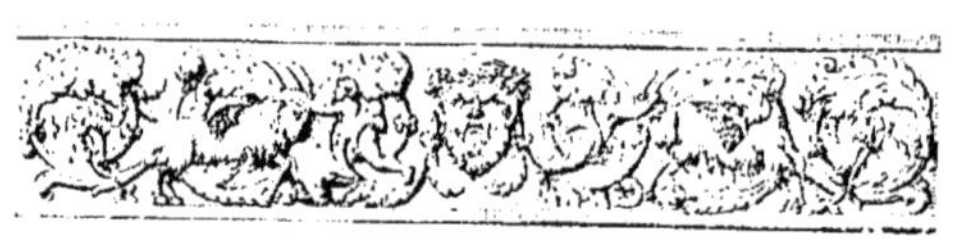

TABLEAUX

AQUARELLES, DESSINS

ARIUS

1 — *Artilleurs en reconnaissance.*

Bois. Haut., 10 cent.; larg., 12 cent.

BOUDIN

2. — *Marine.*

BROWN

(JOHN LEWIS)

3 — *Le Parlementaire.*

Toile. Larg., 70 cent.; haut., 57 cent.

BROWN

(JOHN LEWIS)

4 — *Le Rendez-Vous.*

Aquarelle. Datée de 1874.

Haut., 17 cent.; larg., 12 cent.

BUTIN

(ULYSSE)

5 — *Première confidence.*

Daté : 1878.

Toile. Larg., 70 cent ; haut., 43 cent.

CHAPLIN

6 — *Esquisse d un plafond.*

Toile. Larg , 48 cent.; haut., 60 cent.

CLAIRIN

(G.)

7 — *La Dernière Kermesse.*

Dans un parc merveilleusement dessiné, avec pièce d'eau au centre, grands escaliers de droite et de gauche, une foule de personnages contemporains et connus, aux travestissements les plus élégants, se coudoient, s'intriguent, donnent libre cours à leurs rires et à leurs plaisanteries. A droite, sur une balustrade, c'est un trio d'élégants pierrots qui attirent par les accords de leurs mandolines et par leurs boniments les reines de Navarre, les pages, les grands seigneurs de toutes les époques, Polichinelle et Cassandre. A gauche, au pied de l'escalier, c'est une brune Espagnole qui joue coquettement de l'éventail et rit des propos galants d'un Oriental. Au premier plan, un Japonais et une Japonaise des plus fantaisistes sont troublés dans leur douce causerie par une jolie bouquetière qui leur offre des fleurs.

Cette œuvre importante forme la décoration du panneau principal de la salle à manger.

Datée : 1877.

Toile. Haut., 2 m. 25 cent.; larg., 3 m. 60 cent.

CLAIRIN

(G.)

8 — *Les Quatre Saisons. Six panneaux décoratifs.*

Le Printemps.

Haut., 2 m. 25 cent.; larg., 1 m. 08 cent.

L'Été.

Haut., 2 m. 25 cent.; larg., 50 cent.

L'Automne.

Haut., 2 m. 25 cent.; larg., 1 m. 05 cent.

L'Hiver.

Haut., 2 m. 25 cent.; larg., 58 cent.

Oiseaux et Feuillages.

Haut., 2 m. 25 cent.; larg., 58 cent.

Oiseaux et Feuillages.

Haut., 2 m. 25 cent.; larg., 58 cent.

Ces panneaux complètent la décoration de la salle à manger.

Datés : 1877.

DETAILLE

(ÉDOUARD)

9 — *Le Maréchal de Mac Mahon recevant sous sa tente les hommages des tribus arabes soumises.*

Dessin au crayon.
Daté : 1863.

Larg., 19 cent., haut., 11 cent.

DETAILLE

(ÉDOUARD)

10 — *Batterie d'artillerie en réserve.*

Dessin au crayon.
Daté : 1863.

Larg., 23 cent.; haut., 10 cent.

DUEZ

11 — *Jeune Femme sur une jetée.*

Toile. Larg., 48 cent.; haut., 83 cent.

DUPRAY

(H.

12 — *Gendarme et cuirassier attablés.*

Bois. Larg., 20 cent.; haut., 25 cent.

FERRION

13 — *Trois Paysages.*

Aquarelle.

Haut., 41 cent.; larg., 84 cent.

FORTUNY

14 — *Tête de chef arabe.*

Toile. Larg., 53 cent.; haut., 72 cent.

GERVEX

(H.)

15 — *Tête de jeune Femme.*

Toile. Larg., 35 cent.; haut., 43 cent.

HEULLANT

16 — *La Cachette improvisée.*

Bois. Larg., 52 cent.; haut., 85 cent.

MAINÇENT

(GUSTAVE)

17 — *Une Rue de Paris par un temps de pluie.*

KAEMMERER

18 — *Plage animée de nombreuses figures.*

Toile. Larg., 23 cent.; haut., 13 cent.

LAFFITE

(G.)

19 — *Jeune Femme en visite.*

Aquarelle.

Haut., 30 cent.; larg., 23 cent.

LAMBRON

20 — *Les Travestis.*

Bois. Larg., 22 cent.; haut., 38 cent.

LAMI

(EUGÈNE)

21 — *Une Mascarade.*

Dessin rehaussé de couleur et partie à l'aquarelle.
Datée : 1863.

Haut., 35 cent.; larg., 66 cent.

LEMAIRE

(MADELEINE)

22 — *Une Élégante dans son boudoir.*

Aquarelle.

Haut., 55 cent.; larg., 40 cent.

LÉVY

(ÉMILE)

23 — *Le Sommeil.*

Dessin rehaussé de couleur.
Daté : 1863.

Haut., 31 cent.; larg., 45 cent.

LEYS

(HENRY)

24 — *Une Halte à l'auberge.*

Toile. Larg., 70 cent.; haut., 50 cent

PASINI

(A.)

25 — *Un Port en Égypte.*

Daté : 1863.

Toile. Larg., 38 cent.; haut., 23 cent.

RAFFET

26 — *Napoléon Ier et ses grenadiers la nuit de Waterloo.*

Bois. Larg., 25 cent.; haut., 15 cent.

RAFFET

27 — *Collection de vingt-quatre Aquarelles originales.*

Représentant des épisodes de l'histoire du Consulat et de l'Empire, ayant servi à l'illustration des ouvrages de M. Thiers, classées dans un album relié au chiffre de S. M. Napoléon III.

ROUSSEAU

(THÉODORE)

28 — *La Mare. Sous bois, avec figures.*

Importante aquarelle.

Haut., 52 cent.; larg., 40 cent.

Avec le cadre : haut., 1 m. 05 cent.; larg. 87 cent.

VAN WOENFELS

(P.)

29 — *Vase, Aiguière, Fruits et Fleurs.*

Deux aquarelles se faisant pendant.

Haut., 20 cent.; larg., 18 cent.

WORMS

30 — *La Rixe après la Sérénade.*

Toile. Larg., 48 cent.; haut., 58 cent.

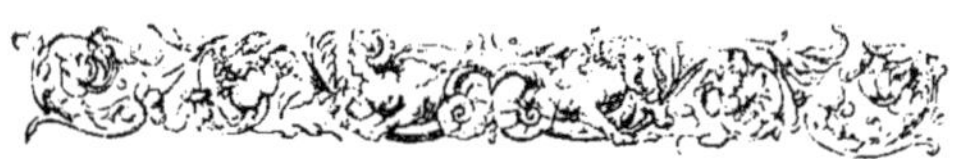

MOBILIER

ET OBJETS D'ART

VESTIBULE

31 — Portière en tapisserie de Flandre, représentant Alexandre et Cléopâtre sous une tente, bordure à fleurs et garnie d'une frange dans le bas. XVIIe siècle.

32 — Deux panneaux en tapisserie dite verdure.

33 — Portière en tapisserie verdure avec vue de château, bordures à fleurs et rinceaux.

34 — Porte a deux battants garnie de tapisserie verdure.

35 — Belle armoire à deux portes en bois sculpté ornée sur les battants de dessins à ogives fleuronnées, avec montants à clochetons, style gothique.

36 — Belle stalle gothique offrant au dossier des ogives fleuronnées sculptées à jour, reliées par un entredeux fleurdelisé montant à clochetons, couronnée par une galerie de rosaces et ornée de lions héraldiques; la façade offre une armoirie et deux fleurs de lis.

37 — Petit coffre en bois sculpté offrant sur la façade un dessin archaïque en haut-relief, style gothique.

38 — Petit coffre en bois sculpté offrant sur la façade trois panneaux, dessins à ogives, style gothique.

39 — Deux stalles provenant de banc d'œuvre en bois sculpté avec accotoirs en forme d'aigle, fin du XVIe siècle.

40 — Fauteuil en velours d'Utrecht rouge garni de frange avec pied forme demi-cercle en bois sculpté, bras ornés de feuillages et montants à têtes de lions et consoles, XVIe siècle.

41 — Très bel éléphant en bronze finement gravé portant un vase élevé sur un socle en bois de Tonkin, orné d'incrustations de burgau, travail ancien de la Chine, époque primitive.

42 — Lanterne en fer forgé surmontée d'une couronne, style Louis XIII.

43 — Deux lanternes avec grandes potences en fer forgé, style Louis XIII.

44 — Deux bras d'appliques à une lumière en fer forgé, époque Louis XIII.

45 — Lanterne d'applique en fer découpé, dessin quadrillé avec écusson et arabesques appliqués; forme du XVIe siècle

46 — Petite fontaine en faïence suisse, décor paysage et fleurs, avec support en fer forgé, époque Louis XIII.

47 — Deux bouteilles en porcelaine de Chine fond bleu uni.

48 — Vase en cuivre repoussé, décor à fruits et godrons, style Louis XIII.

49 — Deux stores rouges.

50 — Vitraux garnissant deux battants et un dessus de porte.

51 — Grosse lanterne forme boule montée en bronze style Louis XVI.

52 — Jardinière en faïence gros bleu avec support couleur rouge de fer.

53 — Trois jardinières en bois.

54 — Lustre à quatre lumières en fer forgé, époque Louis XIII.

55 — Carpette orientale.

SALLE DE BILLARD

56 — Beau billard en noyer avec accessoires (provenant de la maison Poulain).

57 — Très belle cheminée d'aspect monumental en bois sculpté, style renaissance; les montants sont formés de deux cariatides de femmes, le bandeau présente au centre un écusson porté par deux cariatides de femmes ailées, et une suite d'animaux fantastiques se jouant dans des rinceaux feuillagés; aux extrémités se dessinent deux cartouches à têtes de satyres; le couronnement forme jardinière et offre en bas-relief des vases d'où s'échappent des guirlandes de fruits.

58 — Deux divans d'angles couverts de très beaux tapis anciens, tissus de velours d'Orient, fond rouge à médaillons.

59 — Quatre coussins longs en étoffe rayée d'Orient.

60 — Deux coussins carrés, brodés à rosaces et fleurs sur fond de toile.

61 — Deux coussins longs brodés à rosaces sur fond jaune.

62 — Grand coussin en satin bleu, richement brodé d'or et d'argent.

63 — Coussin long en drap rouge brodé d'argent doré.

64 — Coussin long en satin bleu, brodé d'or et d'argent, dessin à fleurs et oiseaux.

65 — Divers coussins brodés.

66 — Deux sièges d'angles couverts de tapis d'Orient.

67 — Deux petits tapis en velours bleu richement brodés d'or à fleurs et rosaces.

68 — Petit tapis en satin bleu brodé.

— Petit tapis en satin rouge brodé.

70 — Meuble-cabinet s'ouvrant à deux battants, intérieur d'aspect monumental en bois gravé et découpé, décoré de sujets d'ornements et d'inscriptions, époque Louis XIII, élevé sur une table à pieds tors reliés par un X.

71 — Paravent à quatre feuilles, garni de tapis d'Orient et de bandes appliquées sur fond de drap bleu.

72 — Table surbaissée en velours rouge, couverte d'un tapis de prière ancien d'Orient très richement brodé d'oiseaux, de fleurs et d'inscriptions en or, argent et soie.

73 — Très curieuse statue en Satzuma représentant un grand chef assis sur un rocher, revêtu d'un riche costume, orné d'applications de burgau, la poitrine décorée d'un écusson à fond d'or, le front ceint d'un diadème, et tenant un livre ouvert à la main, date de l'époque primitive, remarquable par sa conservation. Cette statue est posée sur un grand socle en bois sculpté de style chinois.

74 — Petit guéridon en laque de Perse, décor à médaillons semé de fleurs et oiseaux.

75 — Deux petites tables-supports en bois d'Orient, incrusté de nacre.

76 — GRAND ET BEAU VASE brûle-parfums en cuivre gravé, décoré de légendes et d'ornements, avec couvercle en forme de dôme, élevé sur une table en bois, incrusté de nacre et garni au centre d'un plateau en cuivre gravé, travail ancien d'Orient.

77 — COFFRET en cuivre gravé, dessin à rosaces et inscriptions, travail d'Orient.

78 — PETIT TABOURET en noyer incrusté d'ivoire, travail dit certosine.

79 — TABLE BASSE en laque de Perse, décor à figures et inscriptions.

80 — BEL ÉCHIQUIER offrant d'un côté en bas-relief une scène historique, avec ses pions en bois sculpté représentant des personnages allégoriques, XVIIe siècle.

81 — APPAREIL D'ÉCLAIRAGE à gaz en bronze gravé, de forme orientale.

82 — QUATRE LANTERNES de mosquée, en cuivre gravé et repercé, travail d'Orient.

83 — TROIS BRAS D'APPLIQUES à lampes, de formes diverses en cuivre émaillé, ciselé, incrusté et gravé, travail ancien de Perse, avec montures système à gaz.

84 — Vase en ancienne faïence de Perse, décor bleu sur blanc, monture en cuivre gravé d'Orient.

85 — Bouteille à panse aplatie en ancienne faïence de Perse, décor en bleu rayé sur blanc.

86 — Petite buire en ancienne faïence de Perse, décor bleu sur blanc.

87 — Petite coupe en terre émaillée de Chine, décor à dragons verts, sur fond jaune.

88 — Groupe de danseur et chimères en ancien bronze du Japon, orné de pierreries incrustées, formant brûle-parfums.

89 — Coq en bronze du Japon.

90 — Petit brasero en cuivre gravé d'Orient.

91 — Coupe à ombilic en cuivre gravé d'Orient.

92 — Deux petites torchères en bronze de l'Inde.

93 — Grande coupe en cuivre repercé et gravé d'Orient.

94 — Brule-parfum en cuivre gravé et repercé d'Orient.

95 — Bouteille en faïence persane, décor à fleurs en bleu sur blanc.

96 — Sebille en cuivre uni.

97 — Lampe à trois branches en cuivre poli.

98 — Très beau coffre en bois formant cabinet couvert d'ornements, garni d'appliques en cuivre doré. époque Louis XIII.

99 — Table en bois d'Orient incrusté de nacre.

100 — Coffret en velours brodé à oiseaux et fleurs.

101 — Très belle tenture en broderie d'Orient, représentant sur chaque panneau des dessins variés : entrées de mosquée, carrelages et mosaïques, rosaces et fleurs avec plafond et corniches analogues.

102 — Trois paires de portières en broderie à fleurs sur fond blanc avec embrasses et garnitures assorties.

103 — Deux cantonnières analogues.

104 — Encadrement de glace et draperie analogue.

105 — Tapis de table en soie orange brodée à fleurs.

106 — Devant de cheminée orné d'une rosace brodée orientale sur fond doré.

107 — Tapis en haute laine couvrant toute la pièce.

108 — Grande carpette orientale, fond rouge à médaillons.

109 — Carpette ancienne d'Orient, fond rouge à petits dessins.

110 — Joli tapis en satin rouge richement brodé d'or, travail d'Orient.

111 — Beau tapis en satin rouge richement brodé d'or, offrant au centre une corbeille de fleurs, travail d'Orient.

112 — Quatre petits tapis en satin brodé d'Orient.

113 — Trompette marine, dite monocorde (provient de la collection Savoye), pièce rare.

114 — Deux longues pipes avec bout d'ambre et bout d'agate.

CHAMBRE A COUCHER

115 — BELLE TENTURE en étoffe japonaise à dessins lamés d'or sur fond gros bleu, avec plafond sur fond orange.

116 — DEUX PAIRES DE RIDEAUX de croisée et deux paires de portières avec lambrequins ; tablettes de cheminée à bandeau et rideaux en serge gros bleu garnis de bandes et d'applications en étoffe japonaise, dessins à fleurs partie lamées d'or; embrasses assorties.

117 — TAPIS oriental fond gros bleu avec médaillon au centre et bordures à dessins multicolores.

118 — TRÈS BEAU LIT en bois de fer orné d'incrustations de burgau, travail chinois, couvre-lit en étoffe japonaise.

119 — BEAU MEUBLE d'appui en bois noir sculpté, offrant au centre une divinité sous un baldaquin; sur les côtés, des chimères et des arbres; il s'ouvre à deux battants ornés de panneaux en laque fond brun à rehauts d'or, travail chinois.

120 — TRÈS BEAU PARAVENT forme triptyque, en bois de fer sculpté, offrant sur la façade un panneau de

Tonkin tout incrusté de burgau encadré d'appliques en bronze ciselé et niellé et de sujets en ivoire appliqué ; les deux vantaux de côté offrent chacun des médaillons en laque et en émail cloisonné ; le revers est garni d'étoffe analogue à la tenture de la pièce; travail chinois.

121 — Meuble-cabinet en laque du Japon, fond noir à rehauts d'or garni d'appliques et de charnières en cuivre gravé et doré, travail du Japon ; posé sur un socle à griffes de chimères en bois noir sculpté.

122 — Table octogone en bois de fer sculpté avec dessus en marbre rouge, travail chinois.

123 — Ecran formé d'une grande plaque ronde en porcelaine de Chine, décor à paysage monté en bois sculpté, supporté par un bœuf couché.

124 — Deux tables à étagères en bois de fer sculpté, dessus en marbre, travail chinois.

125 — Chaise forme ottomane en soierie japonaise gros bleu garnie de franges et de passementeries bleue et vieil or.

126 — Deux beaux battants de porte en vieux laque de Chine représentant des scènes d'intérieur, des paysages et des objets d'ameublement à rehauts d'or sur fond noir. Plaque de serrure et charnière en cuivre gravé et doré.

127 — Tabouret en bois de fer incrusté de burgau forme baril, travail chinois.

128 — Tabouret en bois de fer sculpté à pieds chimériques, dessus en étoffe lamée d'or, travail chinois.

129 — Tabouret forme éventail en bois de fer sculpté. travail chinois.

130 — Fauteuil en bois de fer sculpté, incrusté de burgau avec médaillons en marbre au dossier et aux accotoirs.

131 — Chaise en bois de fer sculpté. incrusté de nacre présentant au dossier un groupe d'objets d'ameublement, travail chinois.

132 — Miroir biseauté. monture forme écran. en bois de fer découpé à jour et orné de chimères. travail chinois.

133 — Deux belles pagodes en jade blanc et vert finement sculptées à jour, représentant des dragons dans les nuages avec partie de monument en bronze doré et émail cloisonné, socles en bois sculpté. travail chinois.

134 — Divinité en bois sculpté et dore, représentée assise sur un cœur de nélumbo et entourée d'une auréole en bois doré, travail ancien de Chine.

135 — DIVINITÉ représentée debout, sur un cœur de nélumbo, en bois sculpté et doré, travail ancien de Chine, socle en laque rouge, posé sur une console en bois noir sculpté.

136 — CANTINE forme maison en laque du Japon et cuivre gravé.

137 — PAIRE DE CANDÉLABRES en bronze formés de tritons posés sur des rocailles, style Louis XV.

138 — DEUX LANTERNES en bronze du Japon noirci et frotté.

139 — CLOCHE en métal, époque primitive, monture en bois de fer sculpté, travail chinois.

140 — PAGODE en bois sculpté renfermant trois divinités en bronze rehaussées de vestiges d'or, travail chinois.

141 — DEUX STATUETTES en bronze noirci et frotté, sur socles en bois doré.

142 — DEUX PETITS PORTE-BOUQUETS en bronze de Chine.

143 — DEUX APPLIQUES à une lumière, système à gaz, formées de dragons en bronze, style chinois.

144 — DEUX CHENETS en bronze représentant des divinités chinoises.

145 — TRÈS BELLE GOURDE en ancien émail cloisonné de Chine, décorée de médaillons et de rosaces en couleur, sur fond bleu turquoise, avec socle en laque de Japon à rehauts d'or orné de plaques en porcelaine.

146 — DEUX VASES en émail cloisonné de Chine, fond bleu.

147 — STATUETTE ÉQUESTRE, philosophe sur un bœuf formant cassolette en bronze du Japon.

148 — FLAMBEAU avec fuseau à bassins en bronze ancien de Chine.

149 — FLAMBEAU représentant des petits personnages sur une échelle en bronze ancien du Japon.

150 — QUATRE CHASSIS de croisées et deux bandeaux d'imposte en vitraux peints, dessin à fleurs et feuillages.

151 — DEUX CHASSIS de porte et un bandeau en vitraux de couleur.

SALON

152 — Deux grandes et belles portières en damas de soie vert ornées de riches applications en broderies en velours et en brocart d'or, représentant des corbeilles de fleurs et des encadrements à rinceaux, époque Louis XIV, avec deux bandeaux en velours garnis de franges assorties.

153 — Très belle portière en velours noir offrant au centre en broderies d'or, d'argent et de soie, un écusson représentant la Sainte Famille surmontée d'une couronne, et autour en hauts-reliefs appliqués des feuillages entrelacés, avec bandeau analogue orné au centre d'un bel écusson au chiffre M, des feuillages et des palmes XVIIe siècle.

154 — Deux belles portières, l'une en satin bleu turquoise, l'autre en satin crème, ornées de rinceaux et de fleurs en broderies d'argent et de soie, avec bandeaux à compartiments en satin blanc brodé d'un semis de fleurs et de feuillages; relevées par des cordelières avec glands en passementeries assorties, style Louis XIV.

155 — Deux portières en satin vieil or, dont l'une ornée de rosaces et de fleurs en broderies à fil de

soie et d'argent avec encadrement en velours noir. Bandeau assorti.

156 — Portière en peluche rouge offrant au centre un médaillon à figure d'archange en point de Hongrie avec bandeau assorti, style Louis XIII.

157 — Beaux dessus de cheminée avec rideaux et draperie en peluche et velours rouge ornés de broderies d'or à fleurs et feuillages.

158 — Très beau canapé en satin rouge et velours gros bleu orné de fleurs et de feuillages en broderie d'or garni de franges et de passementeries assorties.

159 — Joli divan en satin havane avec bandes en satin crème ornées de fleurs et de feuillages en broderie ancienne, garni de draperies et de passementeries multicolores.

160 — Fauteuil en brocatelle et peluche jaune d'or.

161 — Chaise ottomane en peluche bleue avec bande en brocart d'or et d'argent.

162 — Fauteuil en velours de Gênes à parterre de fleurs et bois de noyer, xvie siècle.

163 — Fauteuil formant prie-Dieu en noyer et velours de Gênes, xvie siècle.

164 — Fauteuil en noyer rehaussé d'or, garni de galons tressés et de cordelières quadrillées, style Henri II.

165 — Petit pouf en velours noir garni de franges dorées.

166 — Deux chaises volantes en bois noir sculpté, dessus en soie rose brochée à fleurs et capitonné.

167 — Chaise volante en bois sculpté et doré.

168 — Piano oblique en palissandre de Henri Herz.

169 — Très beau dessus de piano formé de draperie en peluche bleue et en peluche orange, orné de broderie de soie, époque Louis XIII, garni de franges et de glands assortis.

170 — Meuble a étagères s'ouvrant à portes pleines dans le bas en bois de fer sculpté, travail chinois.

171 — Bureau en bois noir sculpté.

172 — Table liseuse en bois noir sculpté et dessus de marbre.

173 — Paravent jardinière couvert de draperies en ancien velours rouge et ancienne soierie bleue.

174 — Très belle commode de forme cintrée en noyer richement ornée de mascarons, de coquilles, d'enroulements, de montants et d'appliques en bronze ciselé et doré, époque Louis XIV.

175 — Petit cabinet contador sur table à pieds tors, orné de côtes d'ivoire.

176 — Table à pieds tors en noyer et bois noir.

177 — Belle cage en porcelaine du Japon fond blanc, bordure dorée.

178 — Étagère en laque de Pékin, fond noir.

179 — Deux servantes à étagères avec tablettes laquées, style rustique.

180 — Joli écran en broderie, dessin d'après Bérain, à figures et fleurs, monture en peluche verte.

181 — Petite étagère en bois noir incrusté d'ivoire.

182 — Petite table en bois noir.

183 — Jolie petite vitrine d'applique en bois d'acajou, ornée de moulures, d'encadrements et d'un fronton aux armes de France avec figures d'enfants en bronze ciselé et doré, style Louis XVI, travail de Dasson.

184 — Belle statuette en marbre blanc : Phœbé, par S. Denechau, 1878.

185 — Paire de beaux candélabres en ancienne porcelaine de Saxe, formés de groupes d'enfants : allégories du Printemps et de l'Été, richement montés en bronze ciselé et doré à bouquets de six lumières.

186 — Deux cassolettes formant flambeaux en porcelaine de Tournai fond gros bleu à rehauts d'or avec médaillons à sujets champêtres, montures en bronze doré, style Louis XVI.

187 — Coupe en ancienne porcelaine de Saxe supportée par un groupe d'enfants.

188 — Tasse et soucoupe en vieux Mayence, décor à rayures et fleurs.

189 — Grande statue en marbre : la « Léda », de Falguières.

190 — Console en bois noir sculpté.

191 — Deux instruments anciens de musique.

192 — Beau brule-parfums formé d'un paon en cuivre finement repercé et gravé, enrichi de pierreries, travail ancien d'Orient.

193 — Tabouret couvert d'une draperie en peluche marron.

194 — Coussin en peluche bleue avec aigle et écusson en broderie appliquée.

195 — Trois coussins en satin et en soierie brodée.

196 — Petit tapis de table en soie blanche brochée à fleurs.

197 — Deux appliques à deux lumières en bronze doré, époque Louis XVI.

198 — Jolie pendule forme Louis XV représentant un groupe de Chinois et Chinoise assis sur des rocailles au pied d'un arbre dans lequel est monté le mouvement, et couronnée par une figure de petite Chinoise au parasol, le tout en bronze partie poil et sujets à patine noire. Cadran signé : *Imbert Lainé, à Paris.*

199 — Deux grandes lampes formées de vases en porcelaine craquelée de Chine, monture en bronze noirci et frotté à têtes d'éléphants, style chinois.

200 — Jolie petite étagère d'applique en palissandre et fond de glace biseautée.

201 — Très jolie pagode en argent ciselé, travail chinois.

202 — Deux mandolines en carapace. (Collection Savoye.)

203 — Lampe liseuse en métal.

204 — Deux épées de combat.

205 — Allumoir argenté de style Louis XVI, d'Elkington.

206 — Cadre en bois noir avec ornements en bronze ciselé et argenté, style rustique monté sur chevalet.

207 — Bol en ancien émail cloisonné du Japon, fond bleu turquoise à arabesques en couleurs.

208 — Jonque en bronze gravé, rehaussée de vestiges d'or.

209 — Porte-allumettes en ancien émail cloisonné de Chine, décor oiseaux et fleurs, fond bleu turquoise.

210 — Éventail du temps de Louis XV représentant une allégorie de l'Hyménée; monture en nacre avec sujets et ornements rehaussés d'or.

211 — Plateau en laque de Pékin.

212 — Jardinière en ancien émail cloisonné de Chine, fond bleu turquoise à arabesques en couleurs.

213 — Bol en ancienne faïence de Chine, fond vert à fleurs.

214 — Deux petites coupes surbaissées en ancien émail cloisonné de Chine, fond bleu turquoise à arabesques en couleurs.

215 — Petite horloge horizontale en cuivre ciselé et gravé, xvie siècle.

216 — Petit calendrier en cuivre gravé, époque Louis XIII.

217 — Jolie bonbonnière en or ciselé, guilloché, époque Louis XVI.

218 — Curieux moulin à café en cuivre orné de pierreries, xvie siècle (provenant du musée Carnavalet).

219 — Tortue en bronze ancien de Chine.

220 — Joli couvert de voyage avec manche en ivoire sculpté représentant Adam et Ève, xvie siècle.

221 — Six petites cuillères en argent, style Renaissance.

222 — Figurine de Mercure en argent sur socle en lapis.

223 — Deux petits verres à liqueurs en cristal de roche, époque Louis XVI.

224 — Jolie petite tabatière en or de couleur ciselé et gravé, époque Louis XVI.

225 — Boite en agate montée à charnières.

226 — Boite forme lit, en ivoire sculpté.

227 — Petit brule-parfums forme fruit en bronze du Japon.

228 — Huit sujets en ivoire sculpté, travail japonais.

229 — Belle glace avec cadre en fer ciselé et damasquiné d'or, garni de turquoises et d'émeraudes cabochons, présentant au centre un bas-relief en argent ciselé et repoussé.

230 — Très belle pomme de canne en or mat finement ciselé, représentant des allégories glorieuses à la fondation de la dynastie impériale; autour sont gravées les dates commémoratives de la vie de

Napoléon III, le dessus est enrichi d'une miniature-portrait de Napoléon Ier, peinte par *Augustin* et signée.

231 — Petit vase avec couvercle en cristal de roche finement évidé.

232 — Petite cage avec oiseau en argent.

233 — Etui de nécessaire formant lorgnette en ancien émail de Saxe, fond rose et médaillons à paysages.

234 — Coupe en cristal de roche, monture en argent doré, style Renaissance.

235 — Joli gobelet en argent repoussé et doré, forme moulin, époque Louis XIII.

236 — Coupe à sacrifice en métal japonais.

237 — Petite brouette portant une jardinière en argent.

238 — Couvert de voyage en argent gravé, XVIIe siècle.

239 — Petite coquille en ivoire finement sculpté renfermant un petit groupe de cavaliers, travail chinois.

240 — Reliquaire offrant deux médaillons en verre églomisé. xvie siècle.

241 — Petite boite en émail de Saxe, décor à fleurs fond blanc, monture en argent.

242 — Mesure de cordonnier en bois sculpté. xvie siècle provient du musée Carnavalet.

243 — Deux petits moules à gâteaux en argent.

244 — Petit plateau en argent.

245 — Petite boite en laque du Japon renfermant un masque en ivoire.

246 — Six petits ustensiles en argent.

247 — Petite boite forme livre en argent.

248 — Petit quadrupède formé d'une perle baroque montée en or.

249 — Petit canapé et petite chaise en filigrane d'argent.

250 — Petite coupe ovale en agate, monture en argent repercé et doré avec émeraudes cabochons, style Renaissance.

251 — Boussole en ivoire gravé, époque Louis XIII.

252 — Peigne en bois sculpté gothique (provient du musée Carnavalet).

253 — Seau en bois sculpté (provient du musée Carnavalet).

254 — Petite lampe juive en argent.

255 — Jolie théière en argent gravé, travail japonais.

256 — Jolie théière en argent martelé et gravé, décor à fleurs et feuillages, travail japonais.

257 — Jolie petite théière en argent martelé, gravé et émaillé, forme fruit, travail japonais.

258 — Jolie théière en argent repoussé et martelé, partie frottée et tachetée d'or, forme à feuillages.

259 — Jolie aiguière en cristal de roche côtelée et gravée, monture en argent ciselé et émaillé, style Renaissance.

260 — Cachet forme chimère en cristal de roche.

261 — PETIT VASE en corail et argent doré sur socle en cristal de roche.

262 — FIGURINE « l'Avare », en porcelaine de Berlin.

263 — POMME DE CANNE forme tête, en porcelaine d'Allemagne.

264 — TABATIÈRE en argent gravé, époque Louis XVI.

265 — PETITE FIGURINE d'Hercule en bronze patine verte.

266 — PETITE BOUSSOLE en cuivre Louis XIII.

267 — SERVICE de six flacons et deux cuillères, monture argent, renfermé dans un écrin.

268 — DEUX FLAMBEAUX à figures de femmes, en porcelaine de Naples.

269 — BUIRE en faïence d'Urbino, décor à armoirie et rinceaux.

270 — BUIRE de pharmacie en faïence d'Urbino, à gorge lobée.

271 — CHAUFFERETTE en cuivre gravé Louis XIII.

272 — Chaufferette en velours rouge et bois noir garni de clous.

273 — Beau groupe en ancienne porcelaine de Saxe : allégorie de la Terre, formé d'arbres, de rocailles et d'enfants.

274 — Brule-parfums en porcelaine de Saxe, surmonté d'un perroquet.

275 — Très beau vase avec couvercle, sujets argent, ornements en fer damasquiné d'or, enrichi d'émeraudes cabochons.

276 — Grande coupe en cristal de roche forme lobée, décorée d'ornements en gravure, monture en argent doré, style du xvie siècle.

277 — Ecuelle en faïence d'Urbino, décor à la Raphaël.

278 — Vase en cristal avec tortues en relief.

279 — Eléphant en kioto.

280 — Porte-bouquet en émail cloisonné sur porcelaine du Japon.

281 — Petite mandoline incrustée de nacre.

282 — Épée de cour avec poignée en argent repercé, époque Louis XVI.

283 — Boite à marques.

284 — Quatre porte-cartes divers.

285 — Grande jardinière en faïence richement décorée dans le goût japonais, montée en bronze, supportée par des dauphins.

286 — Dragon en bronze vert du Japon.

287 — Deux petites jardinières en porcelaine d'Allemagne.

288 — Deux vases en faïence italienne, forme côtelée, décor à armoiries.

289 — Deux figurines en bronze, petits musiciens, socles en marbre vert.

290 — Jonque en bronze ancien du Japon.

291 — Coupe en laque aventurine du Japon.

292 — Vase en faïence côtelée fond vert, sur socle, décor en bleu sur blanc.

293 — Serpent de paroisse (collection Savoye); pièce curieuse.

294 — Beau lustre en bronze ciselé, forme de mascarons et de feuilles d'acanthe, couronné par un groupe de cariatides chimériques, style Louis XIV.

295 — Deux chenets en bronze doré, formés de rocailles Louis XIV.

296 — Presse-papier formé d'un groupe de hibou et tortue, bronze de Clésinger.

297 — Vide-poche forme coquille, supporté par un cygne, en bronze.

298 — Sonnette en bronze, style indien.

299 — Ecritoire en porcelaine du Japon.

300 — Baiser de paix russe en argent.

301 — Très belle musette ancienne en ivoire et étoffe ancienne.

302 — Tam-tam monté en cuivre.

303 — Pince-lettres en bronze argenté, forme tête d'oiseau.

MINIATURES

304 — Grande et belle miniature sur vélin, représentant la famille de Charles III d'Espagne, composition de huit personnages. Les bustes du roi et de la reine sont peints sur ivoire et incrustés dans le vélin. Travail rare et curieux de l'époque. Cadre dore avec armoiries et fleurs de lis.

305 — Miniature ovale : jeune garçon, époque Louis XVI, tenant dans la main droite un marteau, cadre en bronze.

306 — Miniature rectangulaire, portrait d'un religieux dans un paysage, cadre en bronze doré.

307 — Miniature ovale, représentant un portrait d'homme, habit bleu, perruque poudrée, cadre rectangulaire en bronze doré; époque Louis XVI.

308 — Miniature ronde : allégorie de l'Automne, représentée par une femme à corsage rouge décolleté, coiffée d'une couronne de feuilles de vigne et de raisins, cadre en bois noir.

309 — Miniature. Portrait de Louis XVIII, cadre en bois noir.

310 — Miniature. Portrait d'un personnage de la Cour, époque Louis XV.

311 — Miniature ronde, sujet mythologique, cadre en cuivre doré.

312 — Belle miniature rectangulaire, sur vélin, représentant : Deux dames causant dans un salon, époque Louis XVI, signée *Lawrence*. Cadre en bois doré.

313 — Miniature ronde représentant : l'Amour maternel ; composition de quatre figures. Cadre en bois sculpté et doré.

314 — Miniature ovale, portrait de femme, coiffée d'un bonnet, effigie, époque du Directoire.

315 — Miniature ovale, portrait de dame de distinction, époque Louis XV, cheveux poudrés, portant des diamants au corsage et dans les cheveux.

316 — Miniature ronde, portrait de femme, corsage demi-décolleté et tête enveloppée dans une écharpe, cadre en cuivre.

317 — Miniature ronde, portrait de femme, corsage demi-décolleté, coiffée d'un petit chapeau orné de fleurs et tenant un petit chien auprès d'elle, époque Louis XVI.

318 — Miniature ronde, grisaille, représentant une offrande à l'Amour, à la manière de Sauvage.

319 — Miniature ronde, portrait de femme décolletée, cheveux poudrés ornés d'une rose, époque Louis XVI, cadre en velours.

320 — Miniature ronde, portrait de femme à collerette, cheveux noirs, frisés, tombants, et coiffée d'une calotte noire, cadre en velours.

321 — Miniature ronde, genre camée, buste couronné de lauriers, cadre en cuivre.

322 — Miniature ovale, portrait d'homme en habit marron et cravate blanche.

323 — Miniature ronde, portrait de femme, coiffure orientale, cadre en cuivre entouré de turquoises.

324 — Petite miniature ovale, portrait de jeune femme, époque Louis XVI.

325 — Miniature ovale, portrait d'un militaire, signé : *W. N.* 1805, temps de l'Empire.

326 — Miniature carrée : le sommeil de Vénus et de l'Amour, d'après le Titien.

327 — Miniature ovale, portrait de femme artiste tenant une palette d'une main avec une couronne de lauriers dans les cheveux, cadre en cuivre doré.

328 — Miniature ronde, portrait de femme le sein nu, époque du premier Empire, cadre en cuivre, entouré de turquoises.

329 — Miniature ronde, portrait d'homme, époque du Directoire, signé : *Hall*, cadre en argent et strass.

330 — Miniature ronde, portrait de femme coiffée d'un bonnet, cadre en cuivre doré.

331 — Petite miniature ovale, portrait de jeune fille coiffée d'une fanchon et corsage demi-décolleté.

332 — Miniature ovale, portrait d'homme du Directoire, cadre en cuivre.

333 — Portrait d'un gentilhomme en costume Louis XIII à collerette, signé : J. Lutticmays et daté 1643. Peinture sur cuivre.

334 — Miniature représentant la Crèche. Composition de nombreuses figures. Peinture sur ivoire. Cadre en bois sculpté et doré.

335 — Miniature sur ivoire représentant le palais du Sultan. Cadre en velours de Gênes.

336 — PETITE MINIATURE ovale représentant une paysanne coiffée d'une fanchon, cadre en cuivre doré.

337 — MINIATURE ronde représentant une apothéose, cadre en velours.

338 — MINIATURE ovale représentant un portrait d'homme du temps de Louis XV, cadre carré en bois noir.

339 — MINIATURE ovale, portrait de dame de qualité en robe orange à demi décolletée, avec diamants au corsage et portant de l'hermine, coiffure Louis XV, avec diadème en or, époque Louis XV.

340 — MINIATURE ovale, portrait de dame en robe blanche, époque du premier Empire.

341 — MINIATURE ovale, portrait de dame, cheveux poudrés ornés de fleurs, corsage légèrement décolleté, époque Louis XV.

342 — PETITE MINIATURE ovale, portrait de jeune dame le sein nu, coiffure à la Marie-Antoinette, les cheveux enlacés de rubans, époque Louis XVI, cadre en cuivre gravé

343 — PETITE MINIATURE ovale représentant l'Hiver, deux enfants se chauffant près d'un brasier, cadre en cuivre doré.

344 — Miniature ovale peinte à l'huile sur cuivre, portrait de femme, époque Louis XIII. Miniature portrait de femme, demi-décolletée, robe marron, chevelure blonde, coiffée d'une dentelle époque premier Empire. Miniature ovale, jeune femme coiffée d'un petit bonnet, corsage jaune garni de fourrures, époque Louis XV. Les trois Miniatures encadrées sur un fond en velours.

345 — Miniature anglaise ovale, représentant un portrait d'homme époque de Charles Ier, cadre carré en fer forgé et travaillé à jour.

346 — Bas-relief, carré en argent repoussé représentant la Vierge et l'enfant Jésus, les têtes en miniature, travail russe.

347 — Miniature rectangulaire, portrait d'homme représentant Louis XIII, peinture à l'huile sur cuivre.

348 — Miniature rectangulaire, portrait d'homme longue perruque, époque Louis XIV, peinture à l'huile sur cuivre.

349 — Miniature rectangulaire, portrait de femme peinte à l'huile sur cuivre, époque Louis XV.

350 — Dessus de tabatière en ivoire ovale, représentant portrait de femme et portrait de jeune homme, genre vénitien.

351 — MINIATURE portrait d'homme en habit noir et jabot, époque du Directoire, cadre en cuivre.

352 — MINIATURE hexagone peinte sur marbre à l'huile, travail espagnol représentant un portrait de femme.

353 — MINIATURE ovale, patriarche turc à longue barbe coiffé d'un turban blanc, cadre en bois noir.

354 — MINIATURE ronde : une Nonne jouant avec un singe.

355 — MINIATURE ovale, portrait de femme en robe blanche décolletée, portant une broche au corsage et les cheveux garnis de perles, époque Louis XIV

356 — MINIATURE rectangulaire, sujet mythologique à deux personnages, de CARESME.

357 — BUSTE bas-relief porcelaine de Saxe, représentant une dame de qualité, appliqué sur velours rouge, cadre en cuivre doré.

358 — PETIT BAS-RELIEF en argent repoussé représentant un buste d'homme à longue barbe, cadre en cuivre.

359 — Miniature rectangulaire, Marie Leczinska en robe bleue, coiffure poudrée, rubans roses au cou et au corsage, cadre en cuivre doré, époque Louis XV.

360 — Miniature ovale, portrait de jeune fille, coiffure poudrée, enlacée de perles, décolletée et un fichu de tulle sur une épaule.

361 — Deux miniatures ovales, grisailles dans la manière de Degault, représentant deux sujets mythologiques : Jupiter traîné par des aigles dans son char, et Mars traîné dans son char par des chevaux, cadres en cuivre et posés sur un panneau en velours rouge.

362 — Miniature, portrait d'homme, époque Louis XVI, habit bleu et collet rouge.

363 — Émail rectangulaire « Le Dormeur », composé de trois figures, époque Louis XIV, cadre en velours bleu.

364 — Émail rectangulaire : « Entretien galant », composé de deux figures, travail de Genève.

365 — Miniature ronde à l'huile sur tôle : « La Jeune fille endormie », cadre en bronze doré.

366 — MINIATURE ronde, sujet mythologique, cadre en cuivre doré.

367 — MINIATURE ovale : Portrait de femme, coiffée d'un bonnet noir garni de dentelles, cadre en ivoire.

368 — MINIATURE ovale : Portrait de jeune dame coiffée d'un chapeau à plumes, époque Louis XVI, cadre en cuivre doré.

369 — MINIATURE ronde : Portrait d'homme, en habit noir et jabot, cheveux poudrés, époque Louis XVI.

370 — MINIATURE ovale : Portrait de femme, coiffée à boucles, une rose dans les cheveux, cadre en cuivre.

MONTRES ET OBJETS DIVERS

371 — MONTRE en or émaillée bleu, entourage de perles fines, époque Louis XVI.

372 — MONTRE en or de quatre couleurs, époque Louis XVI, cadran signé : *Rouzier*, *à Genève*.

373 — Montre en or émail peint, représentant la Leçon de lecture, époque Louis XIV, travail de Genève, le cadran entouré de jargons et signé : *Achard et Cᵉ*.

374 — Montre en or émaillé, entourage cordes et perles fines, cadran signé : *Berthoud, à Paris*, époque Louis XVI.

375 — Petite montre savonnette en or émaillé et entourage de perles fines. Le cadran signé : *Frères Esquirillo*.

376 — Petite montre en or émaillée bleu et ornée de jargons, époque Louis XVI.

377 — Petite montre en or à quatre couleurs, entourage du cadran et les aiguilles en jargons.

378 — Montre or et platine, ciselé représentant d'un côté un sujet de chasse avec entourage d'ornements ; du côté du cadran des enfants se jouant dans des enroulements et le haut chiffre A. D. gothique. La bélière fixe tenue par un écureuil, signée : *Fauque*.

379 — Pendantif en cailloux du Rhin à double entourage surmonté d'un nœud orné d'une miniature à deux personnages et monté en argent.

380 — Collier à maillons à trois rangs avec médaillon orné d'une miniature, le tout en argent doré, époque Louis XVI.

381 — Médaillon ouvrant et à musique, en or et émaillé, travail de Genève, époque Directoire.

382 — Pendantif en cuivre doré, orné de grenats avec pendeloques et deux miniatures, sujets de sainteté, époque Louis XIII.

383 — Paire de boucles d'oreilles à pendeloques en argent partie dorée, travaillées à jour, et ornées de roses, époque Louis XIII.

384 — Paire de pendants d'oreilles en roses montées en argent, époque Louis XVI.

385 — Pendantif, médaillon forme cœur avec verre au milieu, monté à griffe et entouré de roses, travail à jour, époque Louis XVI.

386 — Cassolette en cristal taillé, montée en or.

387 — Une figurine en argent doré, une Vierge et l'enfant Jésus.

388 — Une autre, saint Georges.

389 — Grande broche ronde en argent filigrané.

390 — Boucle ronde en argent.

391 — Boucle ornée de pampilles en argent.

392 — Branche de feuilles chêne avec glands en argent.

393 — Petite cruche en or émaillé, ornée de rubis dans le style byzantin, travail moderne.

394 — Horloge de voyage en bronze avec chiffres chinois, le pourtour orné de bas-reliefs représentant des chimères posant sur quatre pieds.

FUMOIR

395 — Portière en peluche et broderies d'Orient, fleurs garnies de franges assorties.

396 — Divan d'angle avec quatre coussins en drap bleu brodé et soutaché.

397 — Huit coussins de formes diverses couverts en broderie d'Orient.

398 — Coussins en satin rouge à bordure bleue, brodé d'or et de soie, travail d'Orient.

399 — Petit tapis en velours bleu orné d'applications rouges.

400 — Petite table orientale ornée d'incrustations de nacre.

401 — Beau brasero formant jardinière en cuivre poli. XVIIe siècle.

402 — Deux narguilés montés sur porte-pipes turcs, en ébène incrusté de nacre, garnis d'améthystes de cristal de roche et argent.

403 — Deux petites tables forme losanges en bois noir, dessus en faïence persane.

404 — Beau miroir avec cadre à fronton en argent repoussé, époque Louis XIII.

405 — Lanterne de mosquée, forme à pans, en cuivre gravé.

406 — Deux dessus de coussins en soie blanche brodée à fleurs et palmes.

407 — Dais et baldaquin d'angle formés de draperies orientales.

408 — Narguilé en cuivre et bois.

409 — Coupe en cuivre repoussé d'Orient.

410 — Agrafe de manteau, en cuivre filigrané, enrichie de pierreries.

411 — Bassin en cuivre gravé.

412 — Deux petites sébiles en cuivre gravé d'Orient.

413 — Poisson en cuivre gravé.

414 — Quatre dessus de lanternes en cuivre repercé.

415 — Plat de céladon, décor gravé sous couverte.

416 — Trois plats en faïence de Perse, décors variés.

417 — Deux consoles d'appliques ornées d'incrustations de nacre.

418 — Bouteille en poterie algérienne.

419 — Deux petites hottes en poterie algérienne.

420 — Quatre soucoupes en faïence persane.

421 — Plat en faïence hispano-arabe, décor mordoré et bleu à reflets métalliques.

422 — Bouteille en faïence de Perse, décor bleu.

423 — Vingt-trois plaques de revêtement en faïence de Perse, formes et décors variés.

424 — Petite gourde en faïence de Perse, décor polychrome.

425 — Douze petites plaques de carrelage en faïence de Perse.

426 — Deux consoles d'applique garnies en peluche.

427 — Gargoulette en faïence de Perse, décor bleu sur blanc.

428 — Gargoulette forme éléphant en faïence de Perse.

429 — Veilleuse en cuivre gravé.

430 — Deux carpettes orientales.

431 — Tapis fond brun uni, couvrant toute la pièce.

432 — Aiguière en cuivre gravé avec bassin d'Orient.

433 — Divers coussins en soie et satin brodés.

434 — ÉTOFFES DIVERSES : écharpes, tapis, coussins.

435 — DEUX BEAUX MEUBLES contador richement incrustés et ornés de plaques de cuivre repercées et dorées.

436 — COFFRET en bois sculpté.

437 — BEAU COUVRE-LIT en satin bleu richement brodé d'or.

438 — BEAU COUVRE-LIT en broderie d'argent et de soie multicolore, travail persan.

439 — BASSIN en faïence de Nevers.

440 — SERVICE A THÉ ET A CAFÉ en ancienne porcelaine de Saxe fond rouge à fleurs.

441 — DOUZE PLATS en faïence de Rhodes, décors variés

442 — DEUX YATAGANS de janissaires, avec poignées en ivoire et en morse, ornés d'inscriptions en or et argent sur la lame.

443 — DEUX PISTOLETS albanais.

444 — DEUX PLATS en faïence italienne.

445 — Grande plaque en faïence de Perse décorée d'inscriptions.

446 — Deux plaques en faïence de Perse décorées de cavaliers.

447 — Brasero en cuivre gravé, décoré d'arabesques et d'inscriptions.

448 — Deux chandeliers en cuivre gravé.

449 — Petite table en nacre et écaille d'Orient.

450 — Deux potiches en faïence émaillée.

451 — Quatre carpettes d'Orient.

452 — Deux tapis persans à double face.

SALLE A MANGER

453 — Deux grands rideaux en velours brun ornés de larges bandes et accompagnés de bandeaux en tapisserie de la Renaissance, représentant des allégories de l'Abondance, du Droit, de la Force et de la Paix, compositions de petits personnages, de sphinx, de cariatides, de fleurs et de fruits.

454 — Deux paires de portières en velours brun ornées chacune de bandes de tapisserie de la Renaissance, analogues à celles des rideaux.

455 — Deux grandes portières en velours brun doublé de chailli blanc, garnies de franges multicolores.

456 — Grand bandeau en tapisserie représentant des petits personnages et des guirlandes de fruits encadrés de velours brun. xvii° siècle.

457 — Beau tapis de table en peluche, fond brun orné au centre d'une rosace et aux angles d'écussons avec fleurs et oiseaux en broderie d'or, d'argent et de soie garni de galons et de franges assortis.

458 — Grande table carrée, style Renaissance en noyer sculpté à six rallonges.

459 — Portière en satin blanc broché à fleurs, bordée de peluche noire avec embrasses, chaines d'acier et glands à pompon. Petite draperie en velours vert. bannière en velours rouge ornée d'une armoirie brodée au centre.

460 — Douze chaises style Renaissance en noyer sculpté, couvertes en velours brun garnies de franges et de clous.

461 — Deux petites banquettes avec dossiers à fronton en noyer sculpté, style Renaissance.

462 — Deux banquettes à double face et dossiers mobiles en noyer sculpté, style Renaissance.

463 — Beau dressoir en noyer sculpté formant crédence dont les battants sont décorés de bas-reliefs, avec fronton à voussure, supporté par des colonnes cannelées et des chapiteaux, style Renaissance.

464 — Joli meuble d'appui en bois sculpté, orné d'applications en fer forgé et découpé, style gothique.

465 — Petite crédence à étagères, en noyer sculpté, style Renaissance.

466 — Belle chaise à porteur, en bois sculpté et doré, décorée de médaillons à sujets et à fleurs, époque Louis XV, disposée à l'intérieur en forme de vitrine.

467 — Servante en noyer avec galerie à jour et écoinçons en fer découpé, style gothique.

468 — Stalle gothique, en bois sculpté et doré, garni de peluche gros bleu.

469 — Paravent à quatre feuilles en peluche violette orné de médaillons en satin rouge avec arabesques

et armoiries en application de la Renaissance, garni de franges et de passementeries assorties. Le revers est en peluche vieil or.

470 — Belle fontaine avec son bassin en cuivre rouge et armature forme potence, sur trépied en fer forgé, partie dorée.

471 — Grand tam-tam forme baril, sur trépied et surmonté d'un coq en émail cloisonné du Japon, richement décoré d'éventails, de rosaces, de dragons, d'oiseaux et de fleurs. (Provient de la vente de Mme Honoré de Balzac.)

472 — Grand et beau buste en marbre blanc : l'Été, de Lanzirotti (signé).

473 — Grand et beau buste en marbre blanc : l'Hiver, de Lanzirotti (signé).

474 — Statuette en bronze : le Charmeur de serpents, de Bourgeois.

475 — Deux porte-bouquets en faïence italienne, formés de groupes d'aigles.

476 — Glace avec encadrement en velours brun clouté.

477 — Dessus de cheminée avec rideaux en velours

brun, garni de passementeries et bandeau en tapisserie de la Renaissance, représentant des vases de fleurs et des oiseaux sous des arcades à cariatides.

478 — Beau devant de feu en fer forgé, formé par une galerie, style Renaissance.

479 — Deux grands chenets en fer, avec pelle, pincette et tisonnier, style Renaissance.

480 — Deux grandes épées à deux mains, style xve siècle.

481 — Deux bras d'armures avec gantelets en fer, formant embrasses de portières.

482 — Deux masses d'armes en fer.

483 — Cotte de maille disposée en draperie.

484 — Harpe en bois sculpté et doré, décorée de sujets chinois en laque fine à rehauts d'or, époque Louis XV.

485 — Deux suspensions a gaz forme lampes juives, en cuivre poli.

486 — Deux autres moins grandes, avec bras de soutien.

487 — GROSSE BUIRE en faïence italienne, décorée d'un médaillon à sujet guerrier, XVIIe siècle.

488 — SUPPORT en laque du Japon à rehauts d'or.

489 — ORGUE ancien en bois dur, orné de cuivre en parfait état, jouant 17 airs du temps, collection Savoye.

490 — ORGUE à cinquante-quatre cordes en bois sculpté, partie dorée, de Michael Sichler 1680. (Provient de la collection Larrison.)

491 — JET DE SPIRALE en bois sculpté et doré, surmonté d'une fleur de lis époque Louis XIII. (Provient du musée Carnavalet.)

492 — COFFRET garni en fer, époque Louis XIII.

493 — AIGUIÈRE en cuivre repoussé, époque Louis XIII.

494 — BELLE AIGUIÈRE et bassin en argent repoussé, XVIIe siècle.

495 — JOLIE MÉNAGÈRE en argent repercé et gravé, forme monument, époque Louis XVI.

496 — SUCRIER à double fond en argent ciselé, décoré de draperies et d'ornements, époque Louis XIV.

497 — Joli vidrecome en ancienne porcelaine de Chine, décoré de rosaces en relief, monture en argent gravé, époque Louis XIV.

498 — Deux flambeaux en bronze ciselé et doré, décorés de guirlandes de vignes et de feuilles d'acanthe, époque Louis XVI.

499 — Grande corbeille en argent repercé, ornée d'anses à têtes de béliers Louis XVI.

500 — Deux salières en faïence italienne.

501 — Saucière forme cariatide en faïence italienne.

502 — Saucière en faïence de Rouen, décor polychrome.

503 — Écuelle en faïence de Moustiers, décor oiseaux et fleurs.

504 — Deux plateaux à pans en porcelaine de Chine, décor à figures.

505 — Verre de Bohême gravé.

506 — Deux boites à sel en faïence.

507 — Deux flambeaux en porcelaine de Naples.

508 — FIGURINE en faïence d'Epernay.

509 — CORBEILLE avec plateau en faïence de Strasbourg.

510 — DEUX CORBEILLES supportées par des groupes, sujets champêtres en blanc de Saxe rehaussé de bleu.

511 — DEUX VASES avec couvercles, forme à godrons en faïence italienne.

512 — DEUX COMPOTIERS en faïence de Moustiers, décor polychrome.

513 — DEUX PETITES VEILLEUSES forme cages, en porcelaine de Chine.

514 — BOUTEILLE en verre à côtes blanches.

515 — CAFETIÈRE en porcelaine de Chine, décor bleu.

516 — DEUX ASSIETTES en faïence de Marseille, décor à armoiries.

517 — CRUCHE en faïence algérienne.

518 — BEAU GROUPE DE QUATRE FIGURES d'enfants en ancienne porcelaine de Saxe, allégorie du Printemps.

519 — Joli groupe en ancienne porcelaine de Saxe : « Les Petits Amours repasseurs de flèches. »

520 — Groupe de deux figures en vieux Saxe : « Petite fille et petit garçon endormis. »

521 — Groupe de deux figures en vieux Saxe : « La Musique couronnant la Poésie. »

522 — Groupe de deux figures en ancienne porcelaine de Furstenberg : « Le Baiser. »

523 — Grande figurine en vieux Saxe : « Soldat oriental. »

524 — Jolie figurine vide-poche en vieux Saxe : « Allégorie de l'Automne. »

525 — Figurine en vieux Saxe : « Le Joueur de mandoline. »

526 — Deux jolies figurines en vieux Saxe : « Les Marchands ambulants. »

527 — Figurine en vieux Saxe : « Le Troubadour. »

528 — Deux figurines en vieux Saxe : « Galant et Jardinière. »

529 — Figurine en vieux Mayence : « Le Joueur de cornemuse. »

530 — Figurine en vieux Saxe : « Le Jardinier. »

531 — Deux figurines en vieux Saxe : « La Marchande de fleurs et le Marchand de volailles. »

532 — Deux jolis petits groupes en vieux Saxe : « Allégorie de la Disette et de l'Abondance. »

533 — Figurine de Capo di Monte, représentant un Turc. »

534 — Figurine de Cassandre en ancienne porcelaine de Ludwigsbourg.

535 — Deux bouteilles en faïence de Castel-Durante.

536 — Verre avec plateau en porcelaine de Chine, décor au coq.

537 — Deux potiches et deux cornets en faïence de Delft, décor bleu.

538 — Deux cornets en faïence italienne, décor à figures et feuillages.

539 — Quatre petites salières en faïence, décor bleu.

540 — Jolie pendule forme vase à cadran tournant, en bronze ciselé et doré, élevé sur un monument à quatre faces, ornée de plaques en porcelaine de Sèvres, décor à fleurs et oiseaux, style Louis XVI.

541 — Statuette en marbre blanc : « L'Innocence. »

542 — Deux vases avec couvercle en faïence italienne, décor à sujets mythologiques.

543 — Coupe de surtout supportée par des dauphins, en faïence de Marseille.

544 — Canette en faïence allemande montée en étain.

545 — Jardinière en faïence de Nevers, décor bleu sur blanc.

546 — Plat en faïence de Rouen, décor à la corne.

547 — Aiguière en faïence d'Urbino, décor à la Raphaël.

548 — Deux coqs en fonte.

549 — Flambeau à deux branches formé par une figurine sur socle, tripode en bronze, XVIe siècle.

550 — Porte-bouquet en verre de Venise.

551 — Bouteille en verre de Venise.

552 — Petite aiguière en verre de Venise.

553 — Deux figurines de cuisiniers en porcelaine formant ménagères montées en bronze.

554 — Encrier en bronze gravé et doré, orné de pierreries.

555 — Jolie bouteille en vieux chine bleu fouetté avec cartels de la famille verte.

556 — Deux vases avec couvercles en ivoire sculpté, travail de Chine.

557 — Presse-papier, forme livre, tout en jaspe sanguin, monté en argent doré, orné de pierres fines, turquoises et grenats, avec tiroir et médaillon à secret. Très beau travail.

558 — Coupe en jade ancien montée en argent oxydé, enrichi de rubis et turquoises, ciselure très fine.

559 — Deux tasses avec soucoupes, décor bleu et or.

560 — Deux petits flambeaux en bronze ciselé et argenté, style Renaissance.

561 — Bonbonnière, forme magot, en ancienne porcelaine de Chantilly.

562 — Petit flacon en lapis monté en argent.

563 — Deux boites a épices en faïence de Strasbourg, décor à fleurs.

564 — Petit vase en bronze du Japon gravé avec anses à anneaux mobiles.

565 — Petit brule-parfums, tripode en bronze du Japon. patine aventurine.

567 — Petit cornet en ancien émail cloisonné de Chine.

568 — Petit vase en bronze ancien du Japon, fond doré.

569 — Petite coupe en jade monture argent.

570 — Petit vase en argent.

571 — Bouteille en jade blanc gravé.

572 — Dévidoir avec monture en argent Louis XVI.

573 et 574 — Porte-huilier en étain noirci et doré et Moutardier avec monture en étain noirci et doré (collection double).

575 — Gobelet en pierre de lard gravée, monture en argent émaillé, couvercle casque avec perle fine.

576 — Tasse et soucoupe de Saxe.

577 — Groupe en agate et bronze doré représentant un Char.

578 — Grande coupe ovale en agate montée en argent avec anses à têtes de béliers, style Louis XVI.

579 — Cafetière en émail de Saxe, décor à fleurs et rehauts d'or.

580 — Petite figurine de saint Louis en argent, sur socle en lapis.

581 — Coq en ancien blanc de Chine.

582 — Tasse et soucoupe en porcelaine anglaise.

583 — Petite figurine d'Hercule en bronze vert.

584 — Plat en faïence de Delft, décor bleu.

585 — Plaque de Castelli représentant un Char de triomphe.

586 — Plaque de Delft, décorée d'un vase de fleurs et de chimères en polychrome.

587 — Compotier en porcelaine de Saxe, à fleurs.

588 — Assiette de Strasbourg, décor à fleurs.

589 — Plat de Delft, décor bleu.

590 — Deux compotiers de Delft, décor polychrome.

591 — Plat en faïence italienne, décor à armoirie.

592 — Plat en céladon.

593 — Sonnette en métal, décorée d'inscriptions.

594 — Sonnette décorée de fleurs de lis.

595 — Cinq chauffe-mains en cuivre repoussé et repercé, époque Louis XIII.

596 — Tamis forme bouteille.

597 — Tapis couvrant toute la pièce, fond brun.

598 — Grande carpette orientale, fond bleu à petits dessins, bordure rouge.

599 — Quatre carpettes orientales, de différentes grandeurs.

600 — SERVICE A THÉ composé de quatre tasses avec soucoupes, théière, pot à crème, sucrier et plateau genre Saxe, décor volatiles.

601 — DOUZE POTS à crème, même facture.

602 — NEUF PETITES JARDINIÈRES de surtout en porcelaine anglaise.

603 — DEUX PORTE-BOUQUETS forme vases sur fûts en biscuit anglais décoré.

604 — DOUZE PETITS PORTE-BOUQUETS de table en verre et glace gravés.

605 — JARDINIÈRE de surtout en verre côtelé.

606 — JARDINIÈRE forme demi-lune en verre et glace.

607 — PIÈCES diverses de service en porcelaine et en faïence.

608 — SERVICE A THÉ pour douze couverts en soie.

609 — SERVICE DE TABLE en faïence de Minton, décor genre Japon.

610 — SERVICE DE TABLE en faïence de Sarreguemines, décor à fleurs et feuillages.

611 — Deux petites aiguières et quatre verres en cristal gravé.

612 — Quatre porte-bouquets en verre, forme ananas.

613 — Beau service de table en porcelaine de Sèvres au chiffre impérial et bordure à rehauts d'or. (Provenant du palais des Tuileries.)

614 — Service de verrerie.

2e SALON

615 — Grand canapé et deux coussins couverts en beau tapis d'Orient, fond bleu à palmes et à bordure rouge.

616 — Chaise et fauteuil forme ottomane couverts en tapis velours d'Orient, garnis de pompons et de passementeries assorties.

617 — Meuble d'appui à deux battants, en bois noir sculpté.

618 — Jolie commode, forme demi-lune, en bois d'acajou orné de bronze doré, époque Louis XVI.

619 — Table pliante, forme X, avec dessus en laque du Japon, fond noir à rehauts d'or.

620 — Étagère d'appui formant bibliothèque, en acajou orné de filets de cuivre, style Louis XVI.

621 — Table en bois noir.

622 — Support en bois de fer sculpté et à dessus de marbre, travail chinois.

623 — Guéridon en bois noirci.

624 — Beau groupe de deux vases en bronze ancien du Japon, décoré de corps de dragons en gravure, orné sur le devant d'un oiseau fantastique aux ailes déployées et posé sur une chimère.

625 — Paire de jolis vases en ancienne porcelaine de l'Inde décorés de branchages et de grappes de raisins en relief, autour du col et sur la panse de médaillons à sujets encadrés de rinceaux, le tout à rehauts d'or.

626 — Deux groupes de pans sur rochers en bronze du Japon.

627 — Deux petites jardinières tripodes en bronze du Japon.

628 — Plateau en laque du Japon, fond noir à rehauts d'or.

629 — Petit carrosse en laque du Japon, fond noir à rehauts d'or.

630 — Réduction de la colonne Vendome en bronze, patine verte.

631 — Jolie aiguière en bronze argenté et fer niellé, incrusté d'argent, décorée autour de la panse de bacchanales d'enfants finement ciselées.

632 — Torchère de mosquée en cuivre gravé d'Orient.

633 — Groupe formé par un animal fantastique en argent, supportant une boule à jour, renfermant une étagère d'animaux. Monté sur une petite table en laque du Japon.

634 — Cornet en bronze ancien de Chine, décoré de rosaces gravées.

635 — Belle garniture de cinq pièces ; trois vases et deux cornets forme côtelée en ancienne porcelaine de Chine, décorés de paysages, de fleurs et d'oiseaux en polychrome rehaussés d'or.

636 — Curieuse statuette en bois sculpté, représen-

tant la divinité des Ondes, travail ancien de la Chine.

637 — PETITE CHAPELLE formant veilleuse en bronze, style gothique.

638 — PAIRE DE LAMPES en bronze, ornées de dragons.

639 — COFFRET garni de cuivre et de clous, époque Louis XIII.

640 — PAIRE DE GRANDS CHANDELIERS, en bronze du Japon, patine jaune.

641 — COUPE en argent très finement ciselée au repoussé, représentant Alexandre le Grand, recevant la femme de Darius, orné d'émeraudes fines et grenats (très belle pièce).

642 — THÉIÈRE en porcelaine du Japon, décor bleu.

643 — DEUX CURIEUSES TORCHÈRES en bois sculpté représentant des grotesques aux longues jambes et aux longs bras, travail ancien du Japon.

644 — CHEVALET en laque du Japon.

645 — PAIRE DE FLAMBEAUX en bronze poli, style Louis XIII.

646 — JARDINIÈRE forme cage à jour en porcelaine du Japon.

647 — Brule-parfums formant jardinière hexagonale avec anses à oiseaux, en bronze du Japon.

648 — Petit tabouret en bois de fer sculpté.

649 — Paire de belles girandoles en bronze ciselé et doré, style Louis XVI.

650 — Jardinière en cuivre sur socle en bois sculpté.

651 — Deux bouteilles à panses aplaties, en cuivre gravé d'Orient.

652 — Collier avec médailles et pampilles en argent.

653 — Série de cinq paniers cylindriques.

654 — Candélabre à bouillotte, à trois branches en bronze ciselé et doré, époque Empire.

655 — Devant de feu forme pagode en bronze du Japon.

656 — Jardinière en porcelaine de Chine, fond bleu, dessins blancs.

657 — Deux supports en laque.

658 — Jardinière en paille.

659 — CHEVALET avec draperies en soie jaune orientale brodée à fleurs.

660 — PETIT TAPIS DE TABLE en satin brodé d'Orient.

661 — PLATEAU en laque du Japon, à rehauts d'or.

662 — PLAT creux en vieux chine, décor paysage et fleurs.

663 — PLAT forme coquille en vieux chine, décor bleu, jaune et vert.

664 — PLAT de Kanga, joli décor à personnages, sur fond d'or.

665 — PLAT de Satzuma, décoré de divinités.

666 — DEUX PLATS de Kanga, décor polychrome à rehauts d'or.

667 — DEUX COMPOTIERS du Japon, décor à figures, sur fond d'or.

668 — DEUX COMPOTIERS de Chine décorés de poissons et de chauves-souris.

669 — TROIS PETITS PLATEAUX raviers de Saxe, décor au dragon.

670 — Neuf compotiers du Japon décors variés.

671 — Plateau carré de Satzuma, décor paysage.

672 — Quarante soucoupes en porcelaine du Japon.

673 — Plat en vieux Chine de la famille verte, décor à figures.

674 — Tapis genre oriental couvrant toute la pièce.

675 — Peau d'ours noir.

676 — Carpette orientale.

677 — Quantité d'écrans, d'éventails et de petits parasols japonais.

678 — Deux lanternes japonaises.

679 — Tableau chinois avec cadre en bois sculpté et à jour.

680 — Deux panneaux en papier peint du Japon à figures.

681 — Echarpe en satin vert broché formant draperie du cadre de glace.

682 — PLATEAU en laque de Perse.

683 — DEUX PETITES APPLIQUES en bronze poli, style Louis XIV.

684 — QUATRE PETITS PLATEAUX carrés en ancienne porcelaine de Chine, décor vert et violet.

685 — IMPORTANTE PANOPLIE composée de boucliers, de masques, de poignards, de haches, de sabres, de lances, de casse-tête, d'instruments de pêche, de musique, orientaux, chinois, japonais et sauvages (sera divisé).

686 — DEUX PORTIÈRES en drap brun et étoffe japonaise.

687 — TAPIS de table en étoffe japonaise.

688 — TABLETTE de cheminée avec draperie en Andrinople.

2° VESTIAIRE

689 — GRANDE ET BELLE COMMODE décorée de sujets en marqueterie de bois et incrustations d'ivoire sur fond de noyer, aux poignées et appliques de serrures en cuivre Louis XIV.

690 — Armoire à deux portes en chêne Louis XIV.

691 — Bureau en chêne sculpté avec pied croisillon, formé de quatre sirènes.

692 — Porte-parapluie en chêne.

693 — Groupe en terre cuite : « la Danse », de Carpeaux.

694 — Buste d'enfant en marbre blanc de Tadolini.

695 — Groupe en terre cuite : la Vierge et l'Enfant ; époque Louis XIV.

696 — Tabouret en bois sculpté, style chinois.

697 — Portière de Caraman

698 — Objets non catalogués.

CAVE

Bordeaux ordinaire...........	180 bouteilles
Saint-Estèphe................	250
Château-Carignan	60
Pontet-Canet................	20
Pichon-Longueville.	65
Sauterne...........	240
Château-Lafite	15
Brane-Mouton	11
Malescot....................	25
Cos-Destournel.	9
Pauillac	120
Marsala......	40
Bourgogne..................	8
Malaga	40

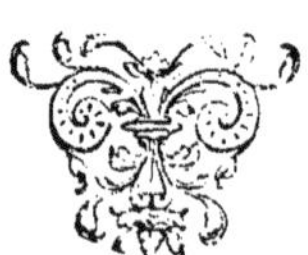

www.ingramcontent.com/pod-product-compliance
Ingram Content Group UK Ltd.
Pitfield, Milton Keynes, MK11 3LW, UK
UKHW020343180726
13839UKWH00002B/892